Impressum
Verlag: BABADADA GmbH, Nedderfeld 112 , 22529 Hamburg
Geschäftsführer / Verlagsleitung: Harald Hof
Druck: Books on Demand GmbH, In de Tarpen 42, 22848 Norderstedt

Imprint
Publisher: BABADADA GmbH, Nedderfeld 112 , 22529 Hamburg, Germany
Managing Director / Publishing direction: Harald Hof
Print: Books on Demand GmbH, In de Tarpen 42, 22848 Norderstedt

colegio
قوتابخانە

aula
پۆل
dividir
دابەشکردن
186/2
pizarrón
تەختە
patio de escuela
maestro
مامۆستا
papel
کاغەز
escribir
نووسین
birome
پێنووس
escritorio
مێزی نووسین
regla
خەتکێش
libro
کتێب
alumno
خوێندکار

mochila

چەواڵ

caja de lápices

جانتای پێنووس

lápiz

پێنووس

sacapuntas

تیژکەرەوەی پێنووس

goma (de borrar)

ڕەشکەرەوە

bloc de dibujo

پەدی نیگارکێشان

dibujo

نیگارکێشان

pincel

فڵچەی ڕەنگ

caja de pinturas

قوتووی ڕەنگ

tijera

مەقەست

pegamento

چەسپ، کەتیرە

cuaderno de ejercicios

کتێبی ڕاهێنان

tarea

کاری ماڵەوە

número

ژمارە

sumar

زیدەکردن

restar

کەمکردن

multiplicar

لێکدان

calcular

حسابکردن، ژماردن

letra

پیت

abecedario

ئەلفوبێ

palabra

وشە

texto

نووسراوه، دەق

leer

خوێندنەوه

tiza

گەچ

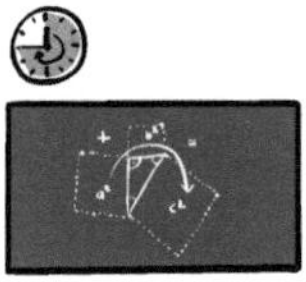

lección

خول، دەرس

cuaderno de clase

تۆماركردن

examen

ئەزموون، تاقیکردنەوه

certificado

بڕوانامه

uniforme escolar

جلی قوتابخانه

educación

پەروەرده

enciclopedia

زانیاری نامه

universidad

زانکۆ

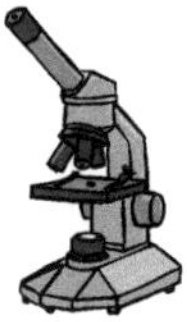

microscopio

میکرۆسکۆپ

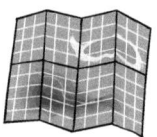

mapa

خەریتە، نەخشه

tacho (de basura)

سەبەتەی كاغەز

viaje

سەفەر

hotel
میوانخانە، هۆتێل
hostel
میوانخانە
casa de cambio
نووسینگەی گۆڕینەوەی دراو
valija
جانتا، ساک
auto
ئۆتۆمۆبیل

idioma

زمان

sí / no

بەڵێ / نەخێر

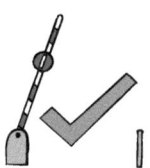

Está bien

باشە

hola

سڵاو

traductor

وەرگێڕی دەق

Gracias

سپاس

¿cuánto cuesta...?

بەچەندە ...؟

No entiendo

من تێناگەم

problema

کێشە

¡Buenas tardes!

ئێوارە باش!

¡Buenos días!

بەیانی باش!

¡Buenas noches!

شەو باش!

adiós

ماڵئاوا، بەخێرچی

dirección

ئاراستە، ڕێڕەو

equipaje

جانتا

bolso

جانتا

mochila

کۆڵەپشتی

invitado

میوان

habitación

ژوور، دیو

bolsa de dormir

کیسەخەو

carpa

چادر، دەوار

información turística
....
زانیاری بۆ گەشتیار

playa
....
کەناراو

tarjeta de crédito
....
کارتی قەرز

desayuno
....
نانی بەیانی

almuerzo
....
نانی نیوەڕۆ

cena
....
نانی شەو

pasaje
....
بلیت

ascensor
....
ئاسانسۆر

sello
....
پوول، تەمر

frontera
....
سنوور

aduana
....
گومرک

embajada
....
باڵوێزخانە

visa
....
ڤیزا

pasaporte
....
پاسەپۆرت

transporte

گواستنەوە

avión
barco
autobomba
مەکینەی ئاگرکوژێنەوە
colectivo
پاس
camión
لۆری
lancha a motor
بەلەمی ماتۆڕی
bicicleta
دووچەرخە، پایسکڵ
auto
ئۆتۆمۆبیل

ferry

کەشتی گواستنەوە

bote

بەلەمی ماتۆڕی

moto

ماتۆڕ

patrullero

ئوتومبێلی پۆلیس

auto de carreras

ئوتومبێلی پێشبڕکێ

auto de alquiler

ئۆتۆمۆبیلی کرێ

alquiler de autos
....
ئۆتۆمۆبیل هاوبەشکردن

grúa
....
لۆری ڕاکێشکردن

camión de basura
....
لۆری زبڵ

motor
....
ماتۆڕ

nafta
....
سووتەمەنی

estación de servicio
....
وێستگەی بەنزین

señal de tránsito
....
تابلۆی هاتووچۆ

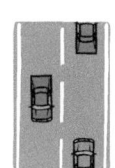

tránsito
....
هاتووچۆ

embotellamiento
....
ترافیک

estacionamiento
....
شوێنی ڕاگرتنی ئۆتۆمۆبیل

estación de tren
....
وێستگەی شەمەندەفەر

vías
....
هێڵی ئاسن

tren
....
شەمەندەفەر

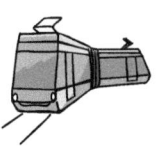

tranvía
....
قەتاری سەرشەقام

vagón
....
داشقە

helicóptero

هەلیکۆپتەر

aeropuerto

فڕۆکەخانە

torre

بورج

pasajero

نەفەر

contenedor

دەفر، کانتێنەر

caja de cartón

کارتۆن

carretilla

داشقە

canasta

سەوەتە

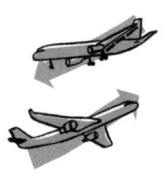

despegar / aterrizar

هەڵفڕین / نیشتن

ciudad

شار

pueblo

گوند، دێهات

centro de ciudad

ناوەندی شار

casa

ماڵ، خانوو

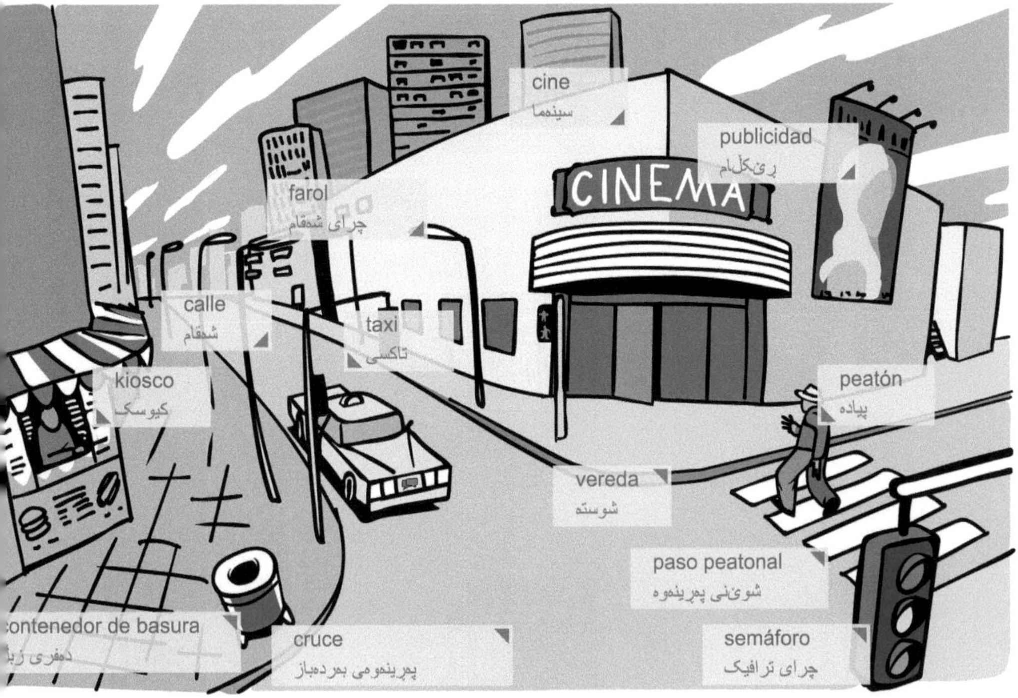

cine
سینەما

publicidad
ڕێکلام

farol
چرای شەقام

CINEMA

calle
شەقام

taxi
تاکسی

kiosco
کیۆسک

peatón
پیاده

vereda
شۆستە

paso peatonal
شوێنی پەڕینەوە

contenedor de basura
دەفری زبڵ

cruce
پەڕینەوەی بەردەباز

semáforo
چرای ترافیک

cabaña
....
خانووچکە

departamento
....
نەهۆم، بڵۆمخانە

estación de tren
....
وێستگەی شەمەندەفەر

municipalidad
....
کۆشکی شارەوانی

museo
....
مۆزەخانە

colegio
....
قوتابخانە

universidad

....

زانکۆ

banco

....

بانک

hospital

....

نەخۆشخانە، خەستەخانە

hotel

....

میوانخانە، هۆتێل

farmacia

....

دەرمانخانە

oficina

....

نووسینگە، فەرمانگە

librería

....

کتێبفرۆشی

negocio

....

دووکان

florería

....

گوڵفرۆشی

supermercado

....

سوپەرمارکێت

mercado

....

بازار

grandes tiendas

....

فرۆشگا

pescadería

....

ماسیفرۆش

centro comercial

....

ناوەندی کڕین

puerto

....

بەندەر

parque

پارک

banco

کورسی درێژ

puente

پرد

escaleras

پێ پیلکان

subte

ژێرزەوی

túnel

تونێل

parada del colectivo

وێستگەی پاس

bar

مەیخانە

restaurante

ڕێستۆرانت

buzón

سندووقی پۆست

letrero

تابلۆی شەقام

parquímetro

پێوەری پارکینگ

zoológico

باخچەی ئاژەڵان

pileta

حەوزی مەلە

mezquita

مزگەوت

granja

مەزرا

contaminación

پیسبوونی ژینگە

cementerio

قەبرستان، گۆڕستان

iglesia

کەنیسە

juegos infantiles

شوێنی یاری

templo

پەرستگا

paisaje

دیمەن

hoja
گەڵا
poste indicador
تابڵۆی ڕێنیشاندەر
camino
ڕێگا
pradera
مێرگ
piedra
بەرد
árbol
دار
excursionista
شاخەوان
río
ڕووبار، چەم
hierba
گژوگیا
flor
گوڵ

valle

دۆڵ، شیو

montaña

بەرزایی

lago

دەریاچە

bosque

دارستان

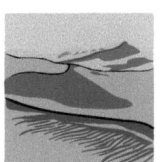

desierto

چۆڵەوار

volcán

بورکان

castillo

قەڵا

arco iris

کۆلکەزێڕینە

champiñón

کارگ

palmera

دارخورما

mosquito

مێشوولە

mosca

مێشوولە

hormiga

مێروولە

abeja

مێش هەنگوین

araña

جاڵجاڵۆوکە

escarabajo

....

قالۆنچە

rana

....

بۆق

ardilla

....

سمۆرە

erizo

....

ژیشک

liebre

....

کەروێشکە کێوی

lechuza

....

کوند

pájaro

....

باڵەندە

cisne

....

قازی سپی

jabalí

....

بەرازی کێوی

ciervo

....

ئاسک

alce

....

بزنە کێوی

presa

....

بەنداو

aerogenerador

....

تۆربینی با

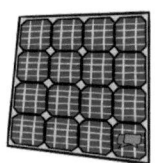

panel solar

....

پەڕەی خۆری

clima

....

ئاووهەوا

mozo
خزمەتکار
menú
لیستە، پێرست
silla
کورسی
sopa
سووپ، شۆرباو
pizza
پیتزا
cubiertos
چەقۆ و چەتاڵ
mantel
سفرە

entrada

خواردنی دەستپێک

plato principal

خواردنی سەرەکی

postre

دێسێر

bebidas

خواردنەوە

comida

خواردن

botella

بوتڵ

comida rápida
....
خواردنی خێرا

comida callejera
....
خواردنی سەرشەقام

tetera
....
قۆری

azucarera
....
قوتووی شەکر

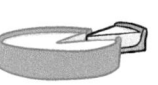

porción
....
بەش

cafetera expreso
....
نامێری سازکردنی قاوەی ئێسپرەسۆ

sillita alta
....
کورسی بەرز

cuenta
....
تێچوو

bandeja
....
کەشەف

cuchillo
....
چەقۆ

tenedor
....
چنگاڵ

cuchara
....
کەوچک

cucharita
....
کەوچکی چا

servilleta
....
دەسماڵ

vaso
....
لیوان، پەرداخ

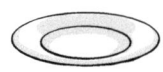

plato

قاپ، دەوری، دەفر

plato hondo

قاپی شۆرباو

plato

ژێرپیاڵە

salsa

سۆس

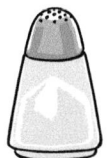

salero

خوێدان

molinillo de pimienta

هاڕەری بیبار

vinagre

سرکە

aceite

ڕۆن

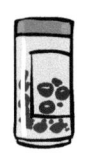

especias

بەهارات

kétchup

دۆشاوی تەمات، سۆسی تەماتە

mostaza

سۆسی موستارد

mayonesa

سۆسی مایۆنێز

supermercado

سوپەرمارکێت

oferta especial
داشکاندنی تایبەتی
cliente
مشتەری
lácteos
fruta
میوە
changuito
داشقە

carnicería

دووکانی قەسابی

panadería

نانەواخانە

pesar

کێشان

verduras

سەوزی

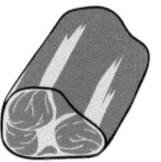

carne

گۆشت

alimentos congelados

خواردنی بەستوو

fiambres

گۆشتی سارد

alimentos enlatados

خواردنی کۆنسێرو

detergente en polvo

دەرمانی بشۆر

golosinas

شیرینی

electrodomésticos

بەرهەمی خۆماڵی

productos de limpieza

بەرهەمی خاوێنکردنەوە

vendedora

فرۆشیار

caja

ژمێرەر

cajero

ژمێریار، خەزەندار

lista de compras

لیستی کڕین

horario de atención

کاتی دەوام

billetera

کیسەباخەڵ، جزدان

tarjeta de crédito

کارتی قەرز

cartera

توورەکە، کیسە

bolsa de plástico

توورەکە

bebidas
خواردنەوە

agua

ناو

jugo

شەربەت

leche

شیر

bebida cola

خەڵووز

vino

شەراب

cerveza

بیرە

alcohol

ئەلکوڵ

cacao

کاکاو

té

چایی، چا

café

قاوە

café expreso

قاوەی ئێسپرەسۆ

cappuccino

کاپۆچینۆ

banana

مۆز

manzana

سێو

naranja

پرتەقاڵ

melón

کاڵەک

limón

لیمۆ

zanahoria

گێزەر

ajo

سیر

bambú

حەیزەران

cebolla

پیاز

champiñón

کارگ

nueces

سەموونە، گوێز، ناوکە

fideos

نوودڵ

tallarines

ماکارۆنی

arroz

برینج

ensalada

زەلاتە

papas fritas

چیپس

papas fritas

پەتاتەی برژاو، پەتاتەی سوورۆکراو

pizza

پیتزا

hamburguesa

هەمبرگەر

sándwich

ساندویچ، دۆندرمە

churrasco

پارچە گۆشت

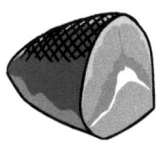

jamón

گۆشتی بەراز

salame

گۆشتی بەراز

salchicha

سۆسیس

pollo

مریشک

asado

برژاندن، نرژان

pescado

ماسی

copos de avena

شۆرباوی ساوار

muesli

دانەوێڵەی تێکەڵ

copos de maíz

دانەی دانەوێڵە

harina

ئارد

medialuna

کرۆسانت، نانێکی فەرەنسی

pancito

نانی خڕ

pan

نان

tostada

نانی برژاو

galletitas

بسکیت

manteca

کەرە، ڕۆنی کەرە

cuajada

سەرتوێژ، توێژ

torta

کەیک

huevo

هێلکە

huevo frito

هێلکەی برژاو

queso

پەنیر

helado

بەستەنی، دۆندرمە

azúcar

شەکر

miel

هەنگوین

mermelada

مرەبا

pasta de chocolate

خامەی نۆگات

curry

بەهارات

granja
کۆخ (مال لە مەزرا)

fardo de paja
كڵنشی كا

granero
تەویلە

campo
مەزرا

caballo
ئەسپ

remolque
مالْی سەفەری

potrillo
جوانوو

tractor
تراكتۆر

burro
كەر، گوێدرێژ

cordero
بەرخ

oveja
مەڕ

cabra

بزن

vaca

مانگا

ternero

گوێلک

cerdo

بەراز

lechón

فەرخە بەراز

toro

جوانەگا

ganso
قاز

pato
مراوی

pollo
جووچک

gallina
مریشک

gallo
کەڵەشێر

rata
جرج

gato
پشیلە

ratón
مشک

buey
گا

perro
سە، سەگ

cucha
کونە سە

manguera
سۆندە

regadera
تونگەی ئاودان

guadaña
داس

arado
گاسن

hoz
....
داس

azada
....
مەڕە

horquilla
....
شەنە

hacha
....
تەور

carretilla
....
عارەبانەی دەستیی

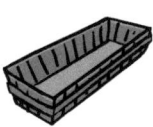

abrevadero
....
دەفری خواردنی ئاژەڵان

lechera
....
دەفری شیر

bolsa
....
تەلیس

reja
....
پەرژین

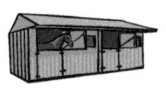

establo
....
تەویلە

invernadero
....
گوڵخانە

suelo
....
خۆڵ

semilla
....
دەنک، تۆک

fertilizador
....
پەین

cosechadora
....
کۆمباین

cosechar

دروێنەکردن

cosecha

خەرمان

batatas

پەتاتە

trigo

گەنم

soja

لووبیا، فاسۆلیا

papa

پەتاتە

maíz

گەنمەشامی

semilla de colza

جۆرێک دەخڵودان

árbol frutal

داری بەری

mandioca

سێوبنەعەرزیلە

cereales

دانەوێڵەی تێکەڵ

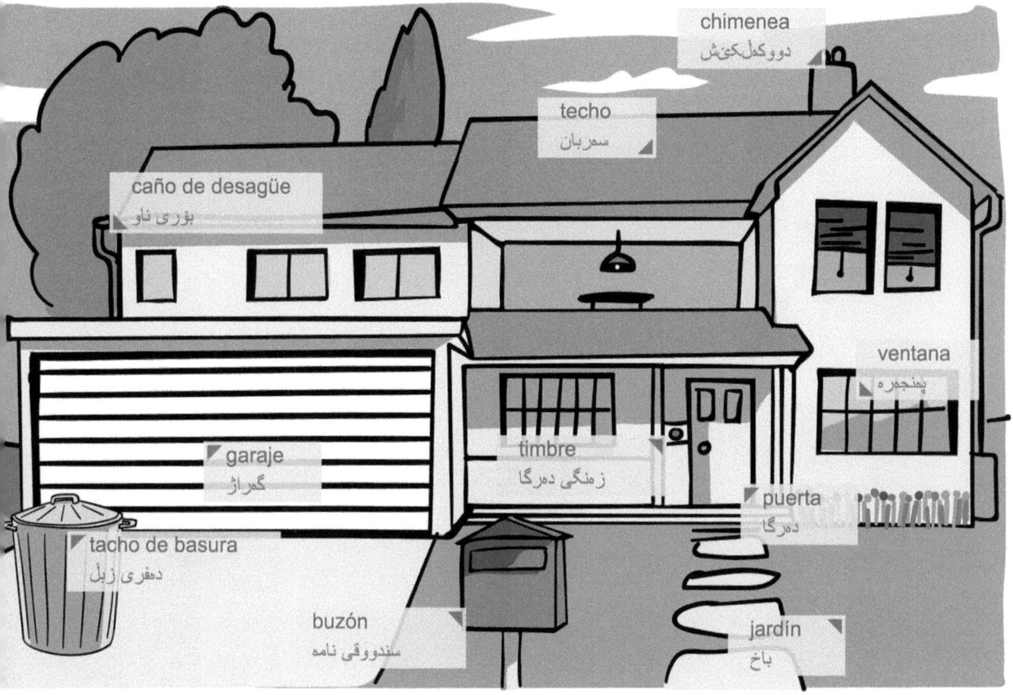

chimenea
دووکەڵکێش
techo
سەربان
caño de desagüe
ventana
پەنجەرە
garaje
گەراژ
timbre
زەنگی دەرگا
puerta
دەرگا
tacho de basura
buzón
سندووقی نامە
jardín
باخ

living

ژووری دانیشتن

baño

حەمام، ئاودەستخانە

cocina

چێشتخانە

dormitorio

ژووری خەو

cuarto de los chicos

ژووری منداڵ

comedor

ژووری نانخوارن

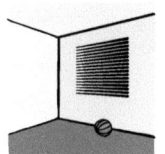

piso

داڵان، ئەرز

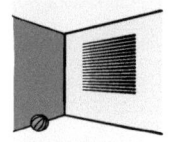

pared

دیوار

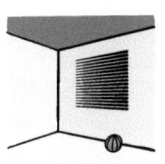

cielorraso

بن میچ

sótano

ژێرزەمین

sauna

ساونا

balcón

باڵکۆن، هەیوان

terraza

هەیوان

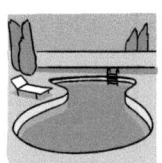

pileta

حەوز، مەلەوانگە

cortadora de pasto

گژوگیابڕ

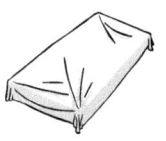

sábana

مەلافە

acolchado

مەلافەی نوێن

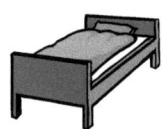

cama

پێخەف، نوێن

escoba

گسک

balde

سەتڵ

interruptor

سویچ، کلیل

living

ژووری دانیشتن

empapelado
کاغەزی دیواری
imagen
وێنە
lámpara
لامپ، چرا، گڵۆپ
estante
ڕەفە
armario
televisión
تەلەفیزیۆن
chimenea
ئاگردان
flor
گوڵ
almohadón
باڵەنج، سەرین
sofá
سۆفا
florero
گوڵدان
control remoto
کۆنترۆڵ لە ڕێگەی دوور

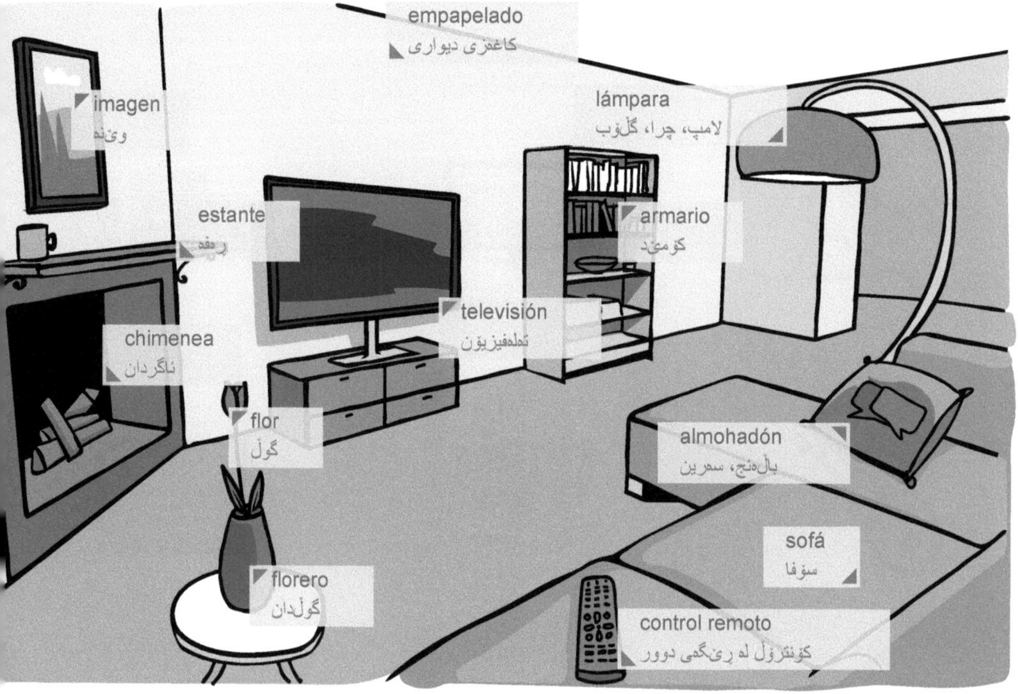

alfombra

فەرش

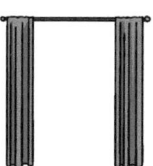

cortina

پەردە

mesa

مێز

silla

کورسی

mecedora

کورسی ڕاژاندن

sillón

کورسی دەسکدار

libro

کتێب

frazada

پەتوو، بەتانی

decoración

ڕازاندنەوە

leña

داری سووتاندن

película

فیلم

equipo de música

ستێریۆ

llave

کلیل

diario

ڕۆژنامە

pintura

نیگار، نیگارکێشان

póster

پۆستەر

radio

ڕادیۆ

cuaderno

تیانووس

aspiradora

گسکی کارەبایی

cactus

کاکتووس

vela

مۆم

cocina
چێشتخانە

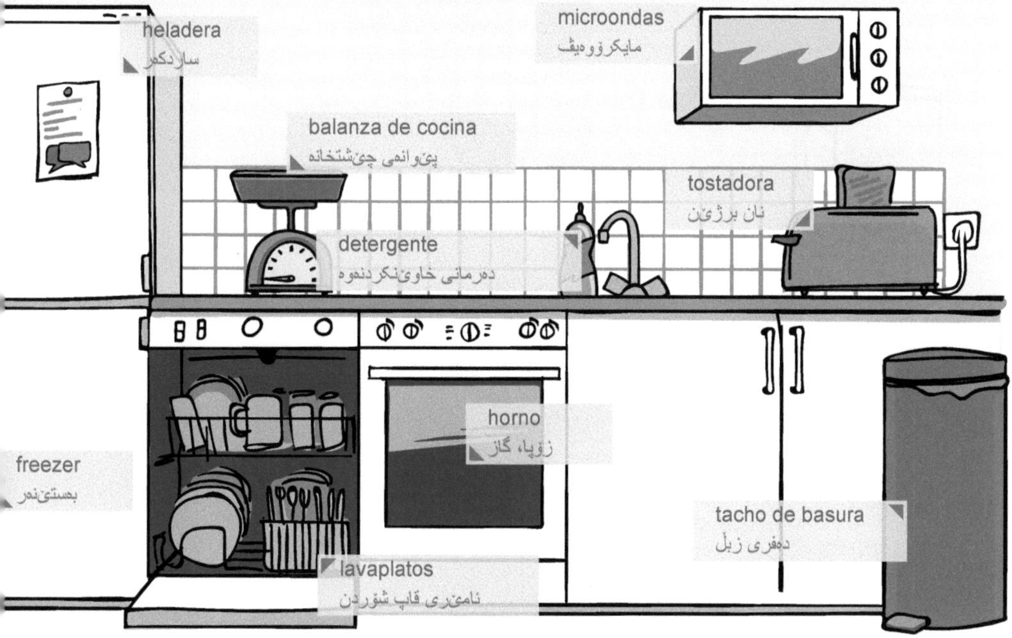

heladera
ساردکەر
microondas
مایکرۆوەیڤ
balanza de cocina
پێوانەی چێشتخانە
tostadora
نان برژێن
detergente
دەرمانی خاوێنکردنەوە
horno
freezer
tacho de basura
دەفری زبڵ
lavaplatos
ئامێری قاپ شۆردن

cocina
چێشتلێنەر

olla
مەنجەڵ

olla de hierro fundido
قاپی ئوتوو

wok
تاوەی قووڵ

sartén
تاوە

pava
کتری، ئاوگەمکەر

cocina - چێشتخانە 35

vaporera

چێشتلێنەری هەڵمی

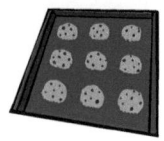

bandeja de horno

کەشەفی نانکردن

vajilla

قاپ و قاچاغ

taza

کوپ

bol

قاپ

palitos

چیلکەی نانخواردن

cucharón

ئەسکوێ

estpátula

کەوگیر

batidora

گسک

colador

سووزمە

colador

بێژنگ

rallador

ئامێری جنینی پەنیر و سەوزە

mortero

دەستار

parrilla

برژاندن

fogata

ئاگر

tabla de picar

....

تەختەی وردکردن

palo de amasar

....

تیرۆک

sacacorchos

....

بورغی فلین

lata

....

قوتوو

abrelatas

....

قوتووکەرەوە

manopla

....

دەسرەی مەنجەڵ

pileta

....

دەسشۆر

cepillo

....

فڵچە

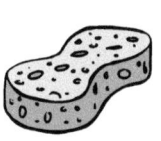

esponja

....

ئیسفەنج

batidora

....

تێکەڵکەر

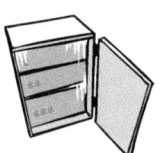

congelador

....

قەرەسی

mamadera

....

شووشە شیر

canilla

....

شێری ئاو

baño

حەمام، ئاودەستخانە

ducha
دووشی ئاو، خورژم
calefacción
زۆپیا/گەرمکەر
toalla
خاولی
cortina de ducha
پەردەی حەمام
baño de espuma
کەفی حەمام
bañadera
حەوزی حەمام
vaso
لیوان، پەرداخ
lavarropas
ئامێری دەفرشوتن
canilla
شێری ئاو
baldosas
کاشی
pelela
ئاودەستی منداڵان
pileta
دەستشۆر

inodoro

ئاودەست، توالێت

letrina

توالێتی نزم، ئاودەست

bidé

جۆرێک توالێت

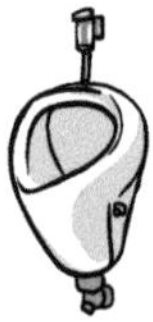

mingitorio

توالێت، ئاودەست

papel higiénico

کاغەزی ئاودەستخانە

cepillo para el inodoro

فڵچەی ئاودەستخانە

38 baño - حەمام، ئاودەستخانە

cepillo de dientes

فڵچەی ددان

dentífrico

خەمیری ددان

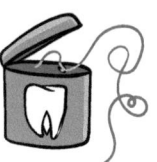

hilo dental

بەنی ددان

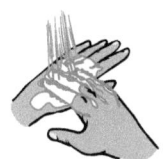

lavar

شۆردن، شوتن

ducha de mano

خورژمی دەستی

ducha higiénica

دووش

palangana

کاسەی دەستوچاوشوتن

cepillo para espalda

فڵچەی پشت

jabón

سابوون

gel de ducha

جێڵی خۆشوتن

shampoo

شامپۆ

toallita

فلانێل

desagüe

ئاوەڕۆ

crema

کرێم

desodorante

بۆنخۆشکەرە

espejo

ئاوێنە

espejito

ئاوێنەی دەستی

maquinita de afeitar

مەکینەی ڕیش تاشین

espuma de afeitar

سابوونی ڕیش تاشین

aftershave

کرێمی دوای ڕیش تاشین

peine

شانە

cepillo

فڵچە

secador de pelo

سێشوار، سەرئیشککەرەوە

spray

سپرەی قژ

maquillaje

سووراوسپیاو

lápiz de labios

سووراو

esmalte para uñas

ڕەنگی نینۆک

algodón

لۆکە

tijera para uñas

مەقەستی نینۆک

perfume

عەتر

portacosméticos

کیسەی حەمام

banqueta

کورسی بێ پشت

balanza

پێوەر

bata

خاولی حەمام

guantes de goma

دەستەوانەی چەرم

tampón

تامپۆن

toallita femenina

خاولی خاوێنکردنەوە

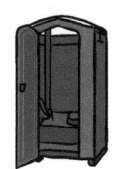

baño químico

ئاودەستی کیمیایی

cuarto de los chicos

ژووری منداڵ

despertador
سەعاتی زەنگدار
peluche
گەمەی شیرن
casa de muñecas
خانووی بووکەشووشە
regalo
دیاری

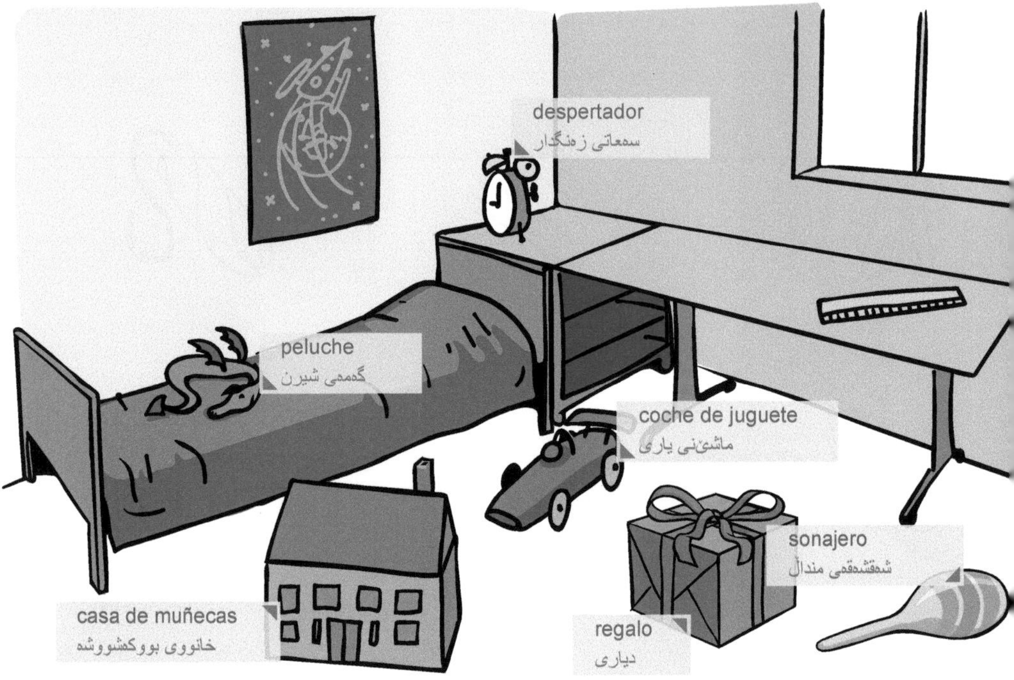

globo

باڵۆن

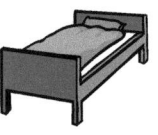

cama

پێخەف، نوێن

cochecito

داشقەی منداڵ

cartas

گەمەی کارت

rompecabezas

مەتەڵ، مەتەڵۆک

historieta

کۆمێدی

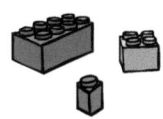

piezas de lego

خشتی لێگۆ

ladrillos de juguete

خشتی یاری

figura de acción

بووکە شووشە

enterito (de bebé)

جلی منداڵ

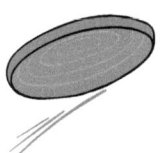

frisbee

یاری فریزبی

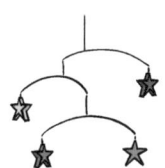

móvil para bebés

بزۆک، جووڵێنراو

juego de mesa

یاری تەختە

dados

مۆرە

tren eléctrico

مۆدێلی شەمەندەفەر

chupete

مەمکە مژە

fiesta

میوانی، جەژن

libro de cuentos ilustrado

کتێبی وێنەدار

pelota

تۆپ

muñeca

بووکەشووشە

jugar

کایە کردن، یاری کردن

arenero

قۆرتی خیزوخۆڵ

hamaca

جۆلانە

juguetes

کایەی منداڵان، یاری منداڵان

consola de videojuegos

گەمەی ویدیۆیی

triciclo

سێچەرخە

osito de peluche

ورچی یاری

armario

کەنتۆر

ropa

جلوبەرگ

medias

گۆرەوی

medias panty

گۆرەوی درێژ

calzas

گورەوی درێژ

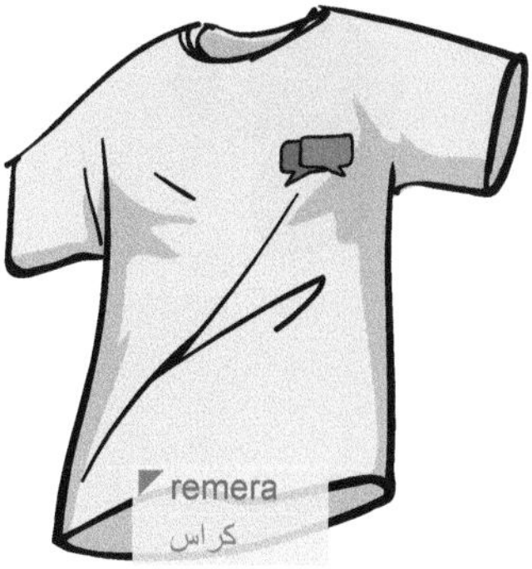

bufanda

paraguas

remera
کراس

cinturón
قایش، پشتێن

zapatillas
پێڵاو

botas
چەکمە، پۆتین

pantuflas
پێڵاوی ماڵ

sandalias

پاپوچ

zapatos

کەوش، پێڵاو

botas de goma

چەکمەی چەرم

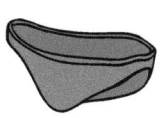

ropa interior

پانتۆڵی ژێرەوە

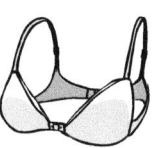

corpiño

ستیان، سوخمە

chaleco

جلیسقە

body

جەستە، لەش

pantalones

پانتۆڵ

jeans

پانتۆڵ

pollera

دامەن، تەنوورە

blusa

کراس

camisa

کراس

pulóver

بلووز

buzo

بلووز

blazer

چاکەت

campera

چاکەت

tapado

باڵتە

piloto

بارانی

traje

پۆشاک

vestido

کراسی ژنانە

vestido de novia

جلی زەماوەند

traje

چاکەت و پانتۆڵ

camisón

جلی خەو

pijama

جلی خەو

sari

ساری

pañuelo para cabeza

لەچکە

turbante

جەمەدانە، سەرپێچ

burka

بۆرکا

caftán

کەفتان

abaya

عەبا

traje de baño

جل و بەرگی مەلەکردن

short de baño

پانتۆڵی مەلە

shorts

پانتۆڵی کورت

jogging

جلوبەرگی ڕاهێنان

delantal

بەروانکە، بەرکوشە

guantes

دەستەوانە

botón

دوگمە

anteojos

چاویلکە

pulsera

بازنە

collar

ملوانکە

anillo

ئەنگوستیلە

aro

گوارە

gorra

کڵاو

percha

داری جل هەڵواسین

sombrero

کڵاو

corbata

بۆینباخ

cierre

زیپ

casco

کڵاوی پارێزەر

tiradores

هەڵگر

uniforme escolar

جلی قوتابخانە

uniforme

یەکپۆش

babero

بەرلیکە، بەرکۆشی منداڵ

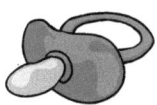

chupete

مەمکە مژە

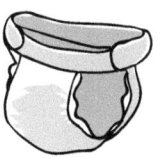

pañal

دایبی، پەڕۆشۆر

oficina

نووسینگە، فەرمانگە

servidor
ڕاژە
archivero
دۆلابی بەڵگە
impresora
چاپکەر
papel
کاغەز
monitor
مۆنیتۆر، پیشانگەر
mouse
ماوس
escritorio
مێزی نووسین
carpeta
بۆخچە
teclado
تەختەکلیل
tacho (de basura)
سەبەتەی کاغەز
computadora
کۆمپیوتەر
silla
کورسی

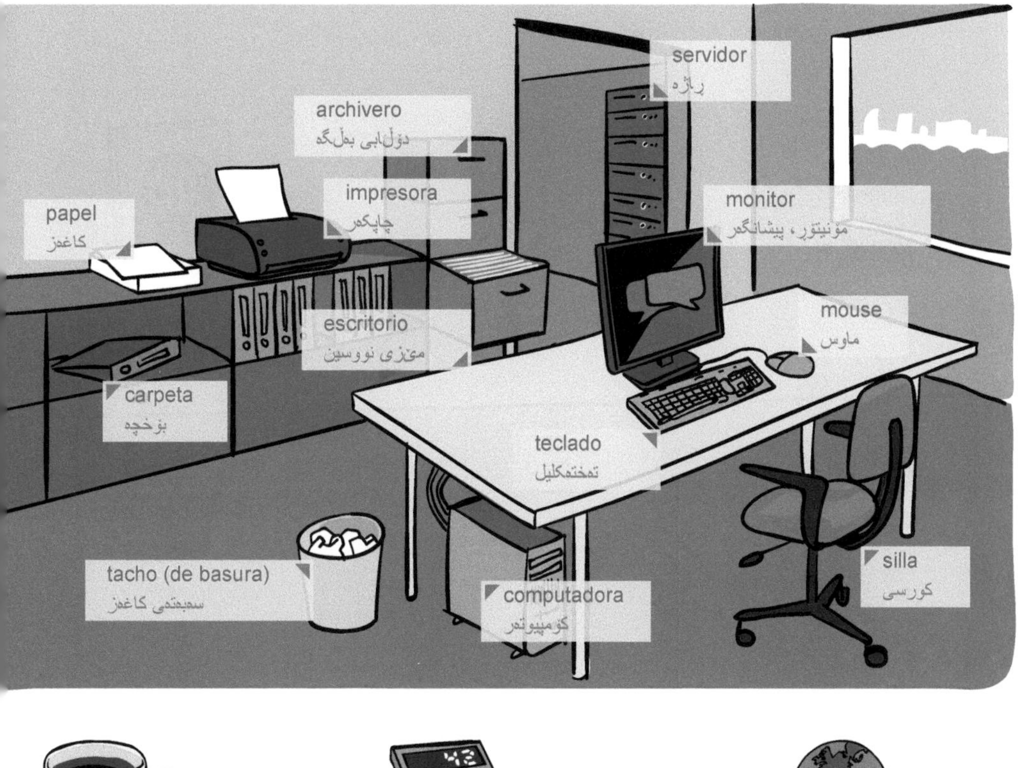

taza de café

کۆپی قاوە

calculadora

ژمێرەر

internet

ئینتەرنێت

laptop

لەپتۆپ

carta

نامە

mensaje

پەیام

celular

موبایل، تەلەفۆنی دەست

red

تۆڕ

fotocopiadora

ئامێری لەبەرگرتنەوە، کۆپیکەر

software

نەرمەکالا

teléfono

تەلەفۆن

tomacorriente

ساکێتی دووشاخە

fax

ئامێری فەکس

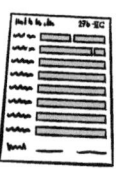

formulario

فۆرم

documento

بەڵگە

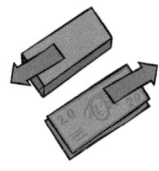

comprar

کڕین

pagar

پارەدان

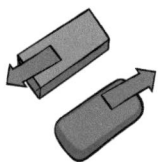

hacer negocios

بازرگانی، ئاڵوگۆڕکردن

dinero

پارە، دراو

dólar

دۆلار

euro

یۆرۆ

yen

یەن

rublo

ڕوبڵی ڕووسی

franco suizo

فرانکی سویسی

yuan

یوان، یەکەی دراوی چینی

rupia

ڕووپییە

cajero automático

مەکینەی پارە

casa de cambio

نووسینگەی گۆڕینەوەی دراو

oro

زێڕ

plata

زێو

petróleo

نەوت

energía

وزە

precio

بەها، نرخ

contrato

ڕێکەوتننامە

impuesto

باج

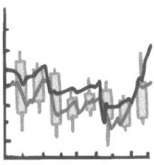

acción

سەهام

trabajar

کارکردن

empleado

کارمەند، کارکەر

empleador

خاوەنکار

fábrica

کارخانە

negocio

دووکان

policía
فەرمانبەری پولیس
bombero
ئاگرکووژێنەر
cocinero
چێشتلێنەر
médico
دکتۆر
piloto
فڕۆکەوان

jardinero
باخەوان

carpintero
دارتاش، مەرەنگوێز

modista
خەییات

juez
دادوەر

farmacéutico
کیمیازان

actor
شانۆگەر، شانۆکار

colectivero

شۆفیری پاس

taxista

شۆفیر تاکسی

pescador

ماسیگر

mucama

کڵفەت

techista

وەستای سەربان

mozo

خزمەتکار

cazador

ڕاوچی

pintor

بۆیاخچی

panadero

نانکەر

electricista

کارەباچی

albañil

بەننا

ingeniero

ئەندازیار

carnicero

قەساب

plomero

وەستای بۆری

cartero

پۆستەچی

soldado

سەرباز

arquitecto

نەخشەکێش

cajero

ژمێریار، خەزەندار

florista

گوڵفرۆش

peluquero

ئارایشگەر

cobrador

گەیێنەر

mecánico

میکانیک

capitán

کەشتیوان

dentista

ددانساز، دوکتوری ددان

científico

زانا

rabino

مەڵای جوولەکان

imán

ئیمام

monje

کەسی ئایینی

sacerdote

قەشە

herramientas
ئامراز و کەرەستە

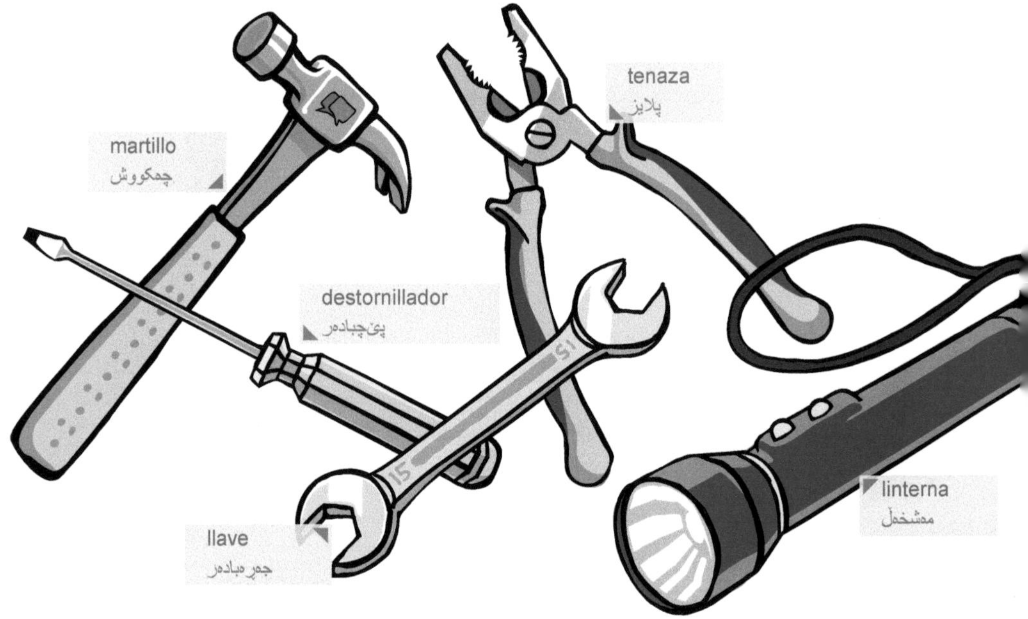

martillo
چەکووش
tenaza
پلایز
destornillador
پێچبادەر
llave
جەرەبادەر
linterna
مەشخەڵ

excavadora

شۆفڵ

caja de herramientas

سندووقی ئامراز

escalera portátil

پەیژە

sierra

مشار

clavos

بزمارەکان

taladro

کونکەرە

arreglar

چاککردنەوە

pala de jardín

پێڵمەرە

¡Qué bronca!

نەفرەت!

pala de plástico

خاکەناز

tacho de pintura

قتووی بۆیاخ

tornillos

پێچمکان، جەمرمکان

instrumentos musicales

ناوئێرەکانی مووزیک

parlante

قسەکەر، بڵندگۆ

batería

تاقمی تەبڵ

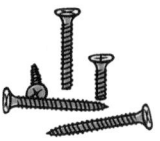

guitarra

گیتار

contrabajo

جۆری گیتار

trompeta

زورنا

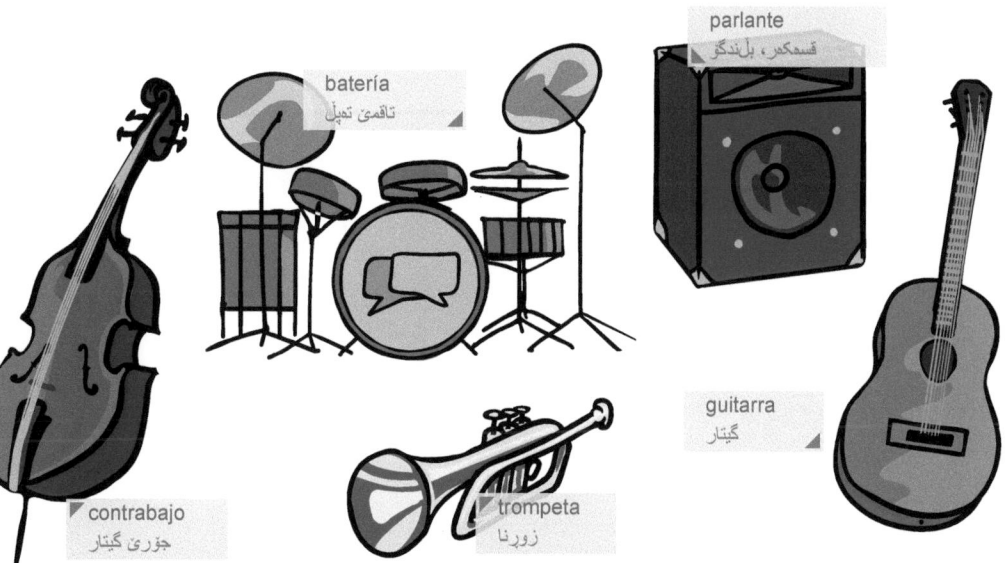

piano

پیانۆ

violín

كەمانچە

bajo

گیتار

timbales

دەهۆڵ

tambor

تەپڵ

teclado

تەختەكلیل

saxofón

ساكسافۆن

flauta

فلووت، شمشاڵ

micrófono

مایكرۆفۆن

zoológico

باخچەی ئاژەڵان

entrada
tigre
پڵینگ
jaula
قەفەز
cebra
کەرەکێوی
alimento para animales
oso panda
ورچی پاندا

animales

ئاژەڵەکان

elefante

فیل

canguro

کانگورۆ

rinoceronte

کەرکەدەن

gorila

گۆریلا

oso

ورچ

camello

وشتر

avestruz

وشترمریشک

león

شێر

mono

مەیموون

flamenco

فڵامینگۆ

loro

تووتی

oso polar

ورچی جەمسەری

pingüino

پێنگوین

tiburón

قرش، سەگەماسی

pavo real

تاووس

serpiente

مار

cocodrilo

تیمساح

cuidador del zoológico

پارێزەری باخچەی ئاژەڵان

foca

سەگی دەریایی

jaguar

پڵینگ

poni

ئەسپی قەزەم

leopardo

پشیلەی پڵینگی

hipopótamo

ئەسپی ئاوی

jirafa

زەرافە

águila

هەڵۆ

jabalí

بەرازی کێوی

pescado

ماسی

tortuga

کیسەڵ

morsa

واڵڕاس، ئاژەڵێکی دەریایی

zorro

ڕێوی

gacela

ئاسک

deportes

وەرزش

fútbol americano
تۆپی پێی ئەمریکی
ciclismo
دووچەرخەلێخوڕین
tenis
تێنیس
básquet
تۆپی باسکە
natación
مەلەکردن
boxeo
بۆکسێن
hockey sobre hielo
هۆکی سەر سەهۆڵ

fútbol

فووتبۆڵ

bádminton

بەدمینتۆن

atletismo

وەرزشوان

handball

هەندباڵ

esquí

خلیسکێن

polo

پۆلۆ

reír
پێکەنین
saltar
بازکردن
abrazar
لەباوەشگرتن، لەئامێزگرتن
caminar
بەڕێداڕۆیشتن، پیاسەکردن
cantar
گۆرانی خوێندن
soñar
خەون دیتن، خەون بینین
rezar
پاڕانەوە، نوێژکردن
besar
ماچکردن

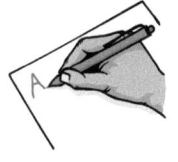

escribir

نووسین

dibujar

وێنەکێشان

mostrar

نیشاندان

presionar

پاڵ پێوەنان

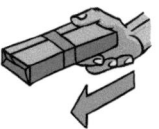

dar

دان

tomar

هەڵگرتن

tener

هەبوون

hacer

کردن

ser

بوون

estar parado

ڕاوەستان

correr

هەڵاتن

tirar

کێشان

tirar

هاویشتن

caer

کەوتن

estar acostado

درۆکردن

esperar

چاوەڕێبوون

llevar

هەڵگرتن

estar sentado

دانیشتن

vestirse

جل لەبەرکردن

dormir

خەوتن

despertar

لەخەوهەستان

mirar

چاولێکردن

llorar

گریان

acariciar

جەڵتەلێدان

peinar

قژداهێنان، شانەکردن

hablar

قسەکردن

entender

تێگەیشتن

preguntar

پرسیارکردن، پرسین

escuchar

گوێڕاگرتن

beber

خواردنەوە

comer

خواردن

ordenar

ڕێکوپێک کردن

amar

خۆشویستن

cocinar

چێش لێنان

manejar

شۆفێری کردن

volar

فڕین

navegar

کەشتیوانی

calcular

حسابکردن، ژماردن

leer

خوێندنەوە

aprender

فێربوون

trabajar

کارکردن

casarse

زەماوەندکردن

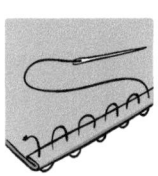

coser

دورین، دورومانکردن

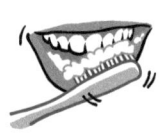

cepillarse los dientes

فڵچە لەددان دان

matar

کوشتن

fumar

جگەرەکێشان

enviar

ناردن

abuela
دایمگەورە
abuelo
باوەگەورە
padre
باوک، باب
madre
دایک
bebé
منداڵی ساوا
hija
کچ
hijo
کوڕ

invitado
میوان

tía
پوور

tío
مام، خاڵ

hermano
برا

hermana
خوشک

cuerpo

جەستە، لەش

frente
ناوچاوان، توێڵ
ojo
چاو
hombro
شان
dedo
قامک
cara
دەموچاو، ڕوومەت
pera
چەنە
mano
دەست
pierna
لاق
pecho
سنگ
brazo
باسک، قۆڵ

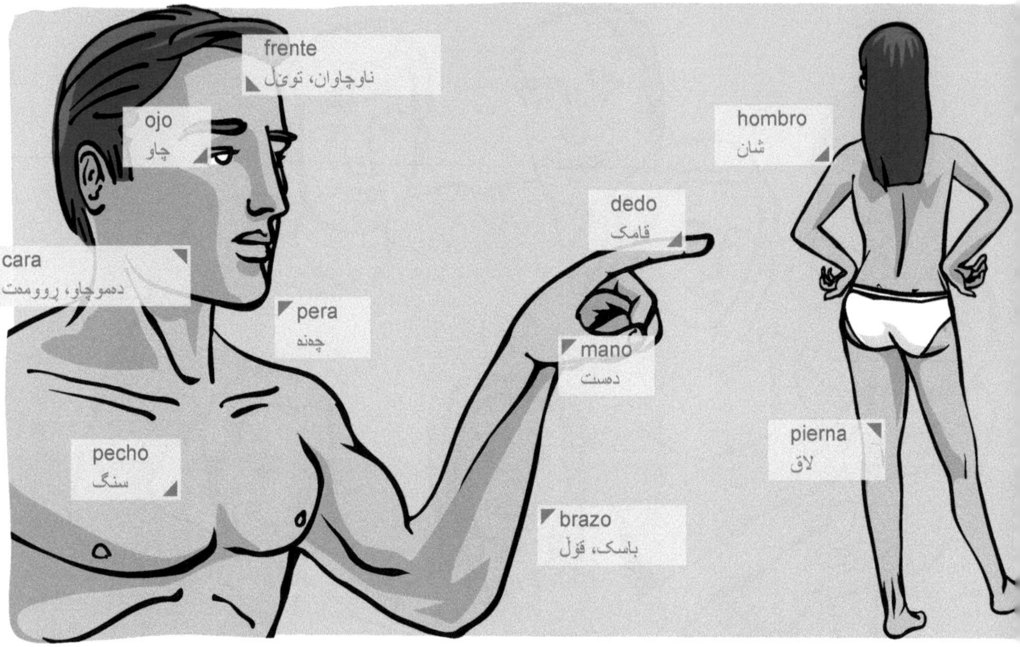

bebé

منداڵی ساوا

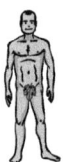

hombre

پیاو

mujer

ژن

nena

کچ

nene

کوڕ

cabeza

سەر

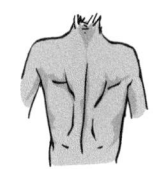

espalda

پشت

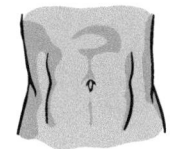

panza

زگ

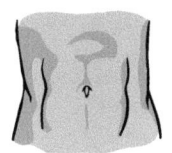

ombligo

ناوک

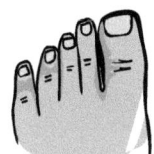

dedo del pie

قامکی پێ

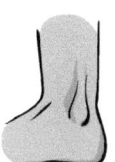

talón

پاژنەی پێ

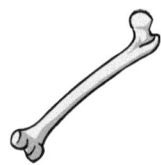

hueso

ئێسقان، ئێسک

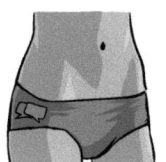

cadera

سمت

rodilla

ئەژنۆ

codo

ئانیشک

nariz

لووت

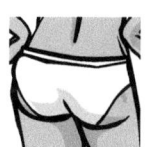

cola

قوون

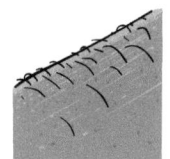

piel

پێست

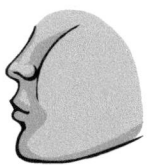

cachete

گوپ

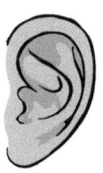

oreja

گوێ

labio

لێو

boca

دەم، زار

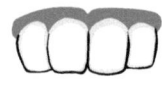

diente

ددان

lengua

زمان

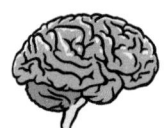

cerebro

مێشک

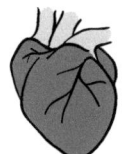

corazón

دڵ

músculo

ماسوولکە

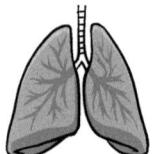

pulmón

سیپەلاک، سی

hígado

جەرگ

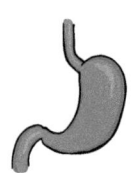

estómago

گەدە

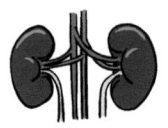

riñones

گورچیلە

sexo

سێکس

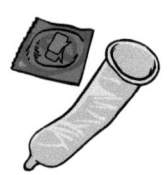

preservativo

کۆندۆم

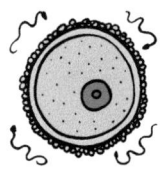

óvulo

توو، گەرا

semen

توو

embarazo

دووگیانی

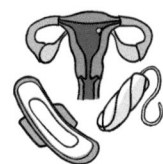

menstruación
....
کەوتنە سەر خوێن

vagina
....
زێ

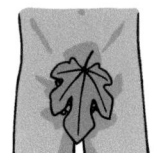

pene
....
کێر

ceja
....
برۆ

pelo
....
قژ

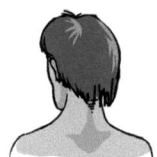

cuello
....
مل

hospital

نەخۆشخانە، خەستەخانە

نەخۆشخانە، خەستەخانە
ambulancia
silla de ruedas
کورسی کەمئەندامان
fractura
شکانی ئێسک

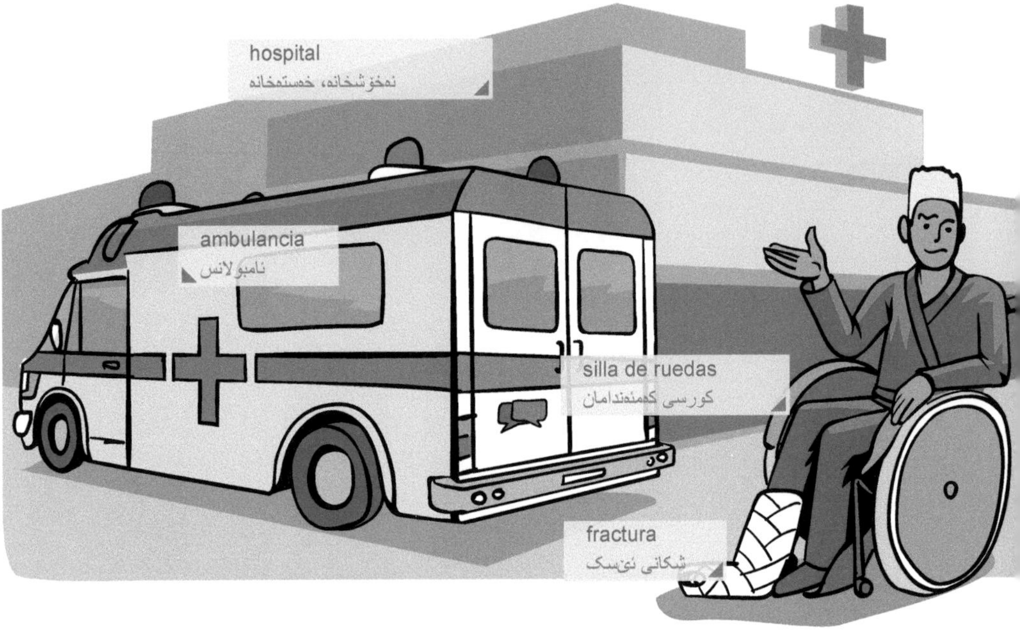

médico

دکتۆر

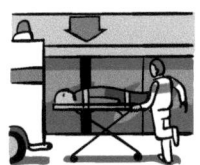

sala de guardia

ژووری فریاکەوتن

enfermera

نەخۆشوان

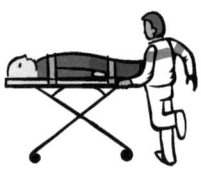

emergencia

ئورژانس، بەشی فریاکەوتن

inconsciente

بێهۆش

dolor

ژان، ئێش

72 hospital - نەخۆشخانە، خەستەخانە

lesión

برینداری

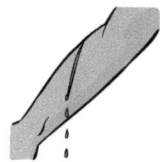

hemorragia

خوێنڕێژی

infarto

جەڵتەی دڵ

ACV

جەڵتە

alergia

ئالێرژی، هەستیاری

tos

کۆخە

fiebre

تا

gripe

ئەنفلۆنزا

diarrea

زگچوون

dolor de cabeza

سەرێشە، ژانەسەر

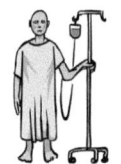

cáncer

سەرەتان

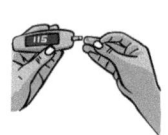

diabetes

شەکرە

cirujano

نەشتەرگەر

bisturí

نەشتەر، چەقۆی توێکاری

operación

نەشتەرگەری

TC

CT

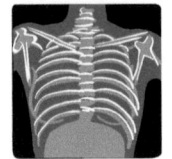

rayos x

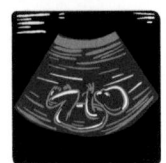

تیشکی ئێکس

ecografía

ئوڵتراساوند

barbijo

ماسکی ڕوومەت

enfermedad

نەخۆشی

sala de espera

ژووری چاوەڕێبوون

muleta

گۆچان

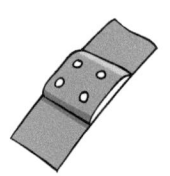

curita

مشەما

venda

برین پێچ

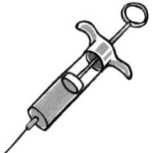

inyección

دەرزی لێدان

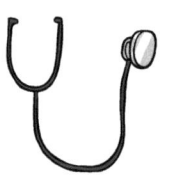

estetoscopio

بیستۆکی پزیشک

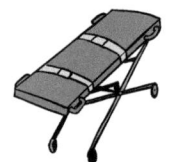

camilla

داربەست

termómetro

گەرماپێوی کلینیکی

nacimiento

لەدایکبوون

sobrepeso

زیادەکێش/قەڵەویی

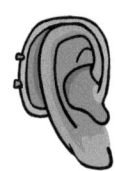

audífono

بیستۆک

desinfectante

میکرۆبکوژ

infección

چڵک

virus

ویروس

VIH / SIDA

ئەیدز

remedio

دەرمان

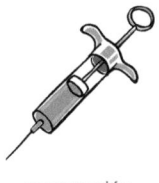

vacunación

کوتان

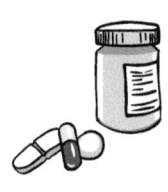

comprimidos

حەب

pastilla anticonceptiva

حەب

llamada de emergencia

تەلەفۆنی فریاکەوتن

tensiómetro

پیشانگەری پەستانی خوێن

enfermo / sano

نەخۆش / سڵامەت

emergencia

ئورژانس، بەشی فریاکەوتن

¡Ayuda!

یارمەتی!

alarma

ئاگادارکردنەوە، ئەلارم

agresión

دەستدرێژی

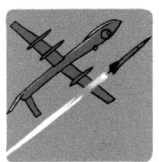

ataque

هێرشکردن

peligro

مەترسی

salida de emergencia

چوونەدەرەوەی ئورژانس

¡Fuego!

ئاگر!

matafuego

ئاگرکوژێنەوە

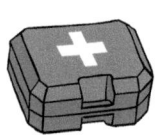

accidente

ڕووداو، پێشهات

botiquín de primeros auxilios

قوتووی یارمەتی فریاکەوتن

SOS

SOS

policía

پولیس

Europa

ئەورۆپا

América del Norte

ئەمریکای باکوور

América del Sur

ئەمریکاری باشوور

África

ئافریقا

Asia

ئاسیا

Australia

ئوسترالیا

Atlántico

ئەتڵەسی، ئۆقیانووسی ئەتڵەسی

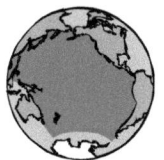

Pacífico

زەریای هێمن

Océano Índico

ئۆقیانووسی هیندی

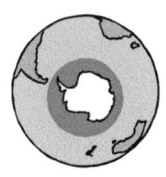

Océano Antártico

ئۆقیانووسی جەمسەری باشوور

Océano Ártico

ئۆقیانووسی جەمسەری باکوور

polo norte

جەمسەری باکوور

polo sur

جەمسەری باشوور

Antártida

ناوچەی جەمسەری باشوور

Tierra

ئەرز، زەوی

tierra

خاک، وشکانی

mar

دەریا، زەریا

isla

دوورگە

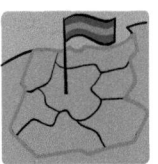

nación

گەل، نەتەوە

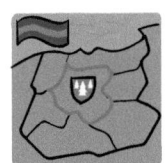

estado

وڵات، پارێزگا، دەوڵەت

esfera

روخساری کاتژمێر

manecilla de las horas

نیشاندەری کاتژمێر

minutero

نیشاندەری خولەک

segundero

دەستی دوو

¿Qué hora es?

کاتژمێر چەندە؟، سەعات چەندە؟

día

ڕۆژ

hora

کات، زەمان

ahora

ئێستا، هەنووکە

reloj digital

کاتژمێری دیجیتاڵی

minuto

خولەک

hora

کاتژمێر

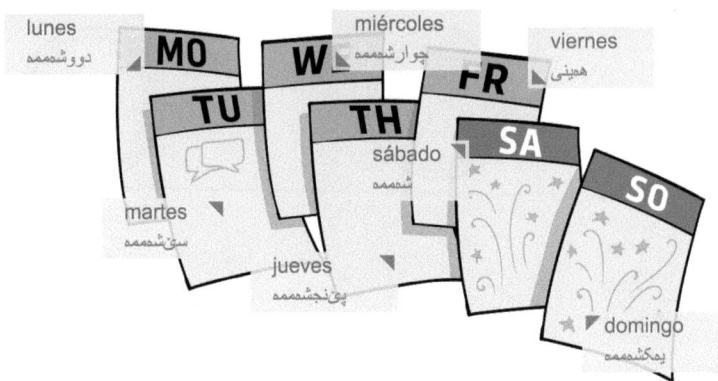

semana

هەفتە

MO
TU
W
TH
FR
SA
lunes
دووشەممە
martes
سێشەممە
miércoles
چوارشەممە
jueves
پێنجشەممە
viernes
هەینی
sábado
شەممە
domingo
یەکشەممە

21

ayer

دوێنێ

2

hoy

ئەمڕۆ، ئەوڕۆ

3

mañana

سبەینێ

mañana

بەیانی

mediodía

نیوەڕۆ

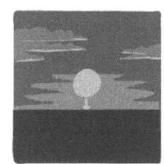

tarde

ئێوارە

MO TU WE TH FR SA SU
1 2 3 4 5 6 7
8 9 10 11 12 13 14
15 16 17 18 19 20 21
22 23 24 25 26 27 28
29 30 31 1 2 3 4

días hábiles

ڕۆژی کار

MO TU WE TH FR SA SU
1 2 3 4 5 6 7
8 9 10 11 12 13 14
15 16 17 18 19 20 21
22 23 24 25 26 27 28
29 30 31 1 2 3 4

fin de semana

کۆتایی هەفتە

año

ساڵ

arco iris
کۆلکەزێرینە
lluvia
باران
nieve
بەفر
viento
بازکردن
primavera
بەهار
otoño
پاییز
verano
هاوین
invierno
زستان

4.APRIL 11°
5.APRIL 4°
6.APRIL 13°
7.APRIL 8°
8.APRIL 10°

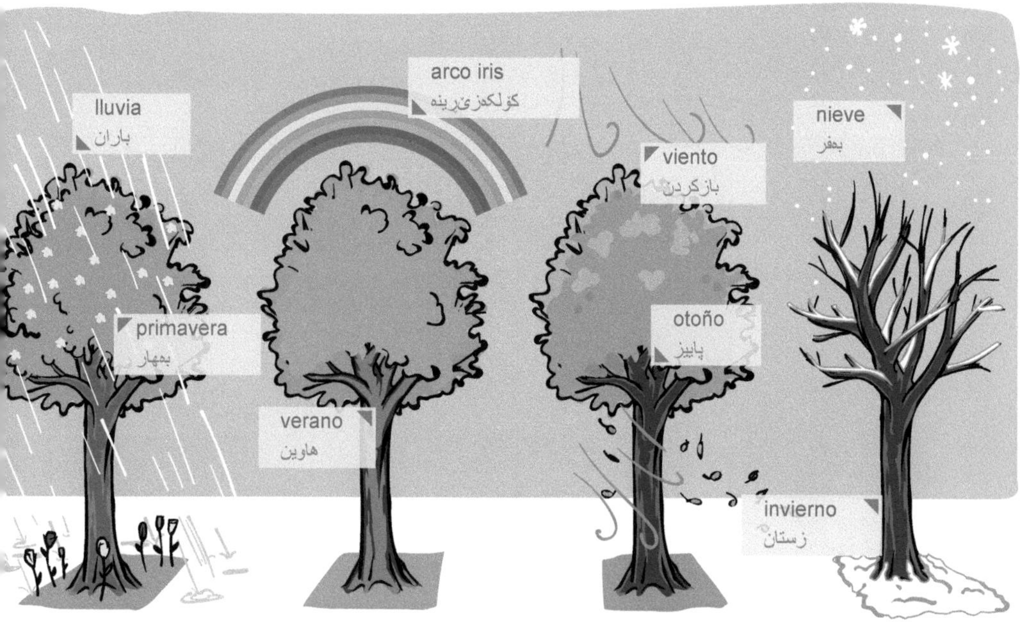

ronóstico meteorológico

پێشبینی هەوا

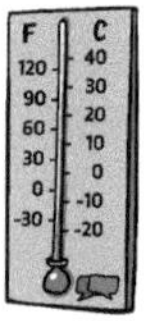

termómetro

گەرماپێو

luz del sol

خۆرەتاو

nube

هەور

niebla

تەمومژ

humedad

تەڕایی

rayo

....

هەورەتریشقە، بروسکە

trueno

....

هەورەگرمە

tormenta

....

باوبۆران، تۆفان

granizo

....

تەرزە

monzón

....

مانسوون

inundación

....

لافاو

hielo

....

سەهۆڵ

enero

....

جانیوەری

febrero

....

فێبریوەری

marzo

....

مارچ

abril

....

ئەپریل

mayo

....

مەی

junio

....

جوون

julio

....

جوولای

agosto

....

ئۆگوست

septiembre

سێپتەمبەر

octubre

ئۆکتۆبەر

noviembre

نۆڤەمبەر

diciembre

دیسەمبەر

formas

شێوەکان

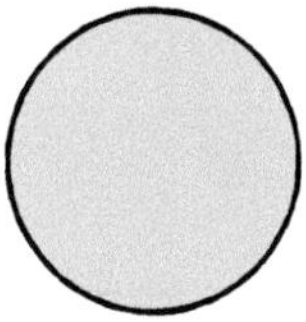

círculo

بازنە

cuadrado

چوارگۆشە

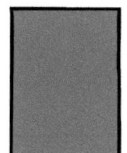

rectángulo

چوارگۆشەی درێژ

triángulo

سێگۆشە

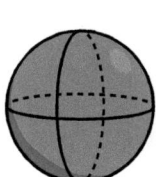

esfera

تۆپ، گۆ

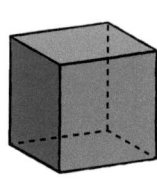

cubo

خشتەک

colores

ڕەنگەکان

blanco

سپی

amarillo

زەرد

naranja

پرتەقاڵیی

rosa

پەمەیی

rojo

سوور

violeta

بنەوش

azul

شین

verde

سەوز

marrón

قاوەیی

gris

بۆر

negro

ڕەش

mucho / poco

زۆر / کەم

enojado / tranquilo

توورە / لەسەرەخۆ

lindo / feo

جوان / ناحەز

principio / fin

سەرەتا / کۆتایی

grande / chico

گەورە / چکۆلە

claro / oscuro

ڕووناک / تاریک

hermano / hermana

برا / خوشک

limpio / sucio

خاوێن / چڵکن

completo / incompleto

تەواو / ناتەواو

día / noche

ڕۆژ / شەو

muerto / vivo

مردوو / زیندوو

ancho / angosto

پان / تەنگ

comestible / no comestible

خۆش / ناخۆش

malo / amable

نەگریس / بەبەزەیی

entusiasmado / aburrido

وروژاو / بێزار

gordo / flaco

قەڵەو / لاواز

primero / último

یەکەم / ئاخر

amigo / enemigo

دۆست / دوژمن

lleno / vacío

پڕ / خاڵی

duro / blando

ڕەق / نەرم

pesado / liviano

قورس / سووک

hambre / sed

برسی / توونی

enfermo / sano

نەخۆش / سڵامەت

ilegal / legal

نایاسایی / یاسایی

inteligente / estúpido

زیرەک / گەمژە

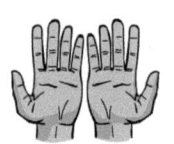

izquierda / derecha

چەپ / ڕاست

cerca / lejos

نزیک / دوور

nuevo / usado

نوێ / کۆن، بەکارهاتوو

nada / algo

هیچ شتێک / شتێک

viejo / joven

پیر / لاو

encendido / apagado

هەڵکراو / کوژاوە

abierto / cerrado

کراوە / داخراو

silencioso / ruidoso

بێدەنگ / دەنگی بەرز

rico / pobre

دەوڵەمەند / هەژار

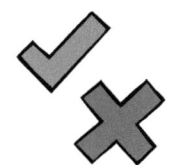

correcto / incorrecto

ڕاست / هەڵە

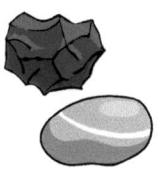

áspero / suave

زبر / ساف

triste / contento

خەمین / خۆشحاڵ

corto / largo

کورت/ درێژ

lento / rápido

هێواش / خێرا

mojado / seco

تەڕ / وشک

caliente / frío

گەرم / فێنک

guerra / paz

شەڕ / ئاشتی

números
ژمارەکان

0

cero

سیفر

1

uno

یەک

2

dos

دوو

3

tres

سێ

4

cuatro

چوار

5

cinco

پێنج

6

seis

شەش

7

siete

حەوت

8

ocho

هەشت

9

nueve

نۆ

10

diez

دە

11

once

یازدە

12

doce

دوازدە

13

trece

سێزدە

14

catorce

چواردە

15

quince

پازدە، پانزە

16

dieciséis

شازدە

17

diecisiete

حەڤدە

18

dieciocho

هەژدە

19

diecinueve

نۆزدە

20

veinte

بیست

100

cien

سەد

1.000

mil

هەزار

1.000.000

millón

ملیۆن

idiomas
زمانەکان

inglés

ئینگلیزی

inglés americano

ئینگلیزی ئەمەریکی

chino mandarín

چینی ماندارین

hindi

هێندی

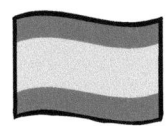

español

ئیسپانی

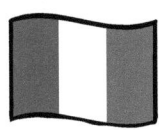

francés

فەرەنسی

árabe

عەرەبی

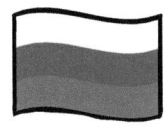

ruso

ڕووسی

portugués

پۆرتوگالی

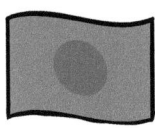

bengalí

بەنگالی

alemán

ئاڵمانی

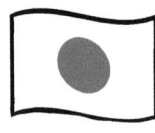

japonés

ژاپۆنی

quién / qué / cómo

کێ / چی / چۆن

yo

من

vos

تۆ

él / ella

ئەو

nosotros

ئێمە

ustedes

ئێوە

ellos

ئەوان

¿quién?

کێ؟

¿qué?

چی؟

¿cómo?

چۆن؟

¿dónde?

لەکوێ؟

¿cuándo?

کەنگێ؟ کەی؟

nombre

ناو

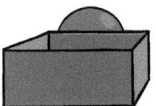

dónde

شوێن

detrás

لەپشت

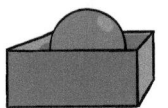

en

لە

adelante de

لەپێش

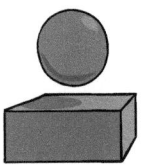

por encima de

سەری

sobre

لەسەر

debajo de

ژێر

al lado de

لە تەنیشت

entre

لەنێوان

lugar

شوێن، جێ